AF401914

DE L'IMPRIMERIE

CONSIDÉRÉE

SOUS LES RAPPORTS LITTÉRAIRES

ET INDUSTRIELS;

PAR G. A. CRAPELET, IMPRIMEUR.

PREMIER CAHIER.

A PARIS,

DE L'IMPRIMERIE DE CRAPELET,

RUE DE VAUGIRARD, N° 9.

JUILLET 1827.

DE L'IMPRIMERIE

CONSIDÉRÉE

SOUS LES RAPPORTS LITTÉRAIRES

ET INDUSTRIELS.

A PARIS,

CHEZ RORET, LIBRAIRE,

RUE HAUTEFEUILLE.

DE L'IMPRIMERIE

CONSIDÉRÉE

SOUS LES RAPPORTS LITTÉRAIRES

ET INDUSTRIELS;

PAR G. A. CRAPELET, IMPRIMEUR.

TOME PREMIER.

A PARIS,

DE L'IMPRIMERIE DE CRAPELET.

RUE DE VAUGIRARD, N° 9.

JUILLET 1827.

DE L'IMPRIMERIE

CONSIDÉRÉE

SOUS LES RAPPORTS LITTÉRAIRES

ET INDUSTRIELS.

PREMIÈRE PARTIE.

DE L'IMPRIMERIE SOUS LES RAPPORTS LITTÉRAIRES.

INTRODUCTION.

DE L'IMPRIMERIE DE PARIS.

Le génie de Guttemberg avoit conçu l'art de fixer sur le papier l'empreinte des caractères de l'écriture, taillés en relief : l'imprimerie étoit découverte. Fust et Schoeffer surmontèrent le dernier obstacle qui retenoit son essor : ils gravèrent isolément sur le métal, et multiplièrent à l'infini les caractères, qui, dans les premiers essais, avoient été sculptés sur des planches de bois. La taille des poinçons et la frappe des matrices opérèrent cet effet merveilleux.

I

L'art typographique fut accompli presque à sa naissance (années 1440 à 1450).

Cette admirable invention, qui étoit regardée
comme l'œuvre de la Divinité même, fut accueillie
par une reconnoissance universelle. Plusieurs villes
se sont disputé l'honneur d'avoir donné naissance à
l'imprimerie; mais il ne reste aucun doute sur les
productions qui signalèrent sa découverte. Le premier usage de l'imprimerie fut consacré, par ses inventeurs, à propager la connoissance des saintes
Écritures, et à répandre la parole de Dieu.

L'intelligence humaine, fortifiée et enrichie tout
à coup de celle des siècles antérieurs, alloit jouir enfin
de ce magnifique héritage littéraire qui avoit tra-
versé les âges avec tant de peine et de dangers, et
qui, plus que jamais, étoit menacé d'être anéanti. (1)

Des hommes d'une grande sagesse et d'un profond
savoir, se trouvoient prêts en France et en Italie
pour diriger les premiers travaux de l'art typographique. Les principales villes de l'Europe s'empres-
sèrent d'attirer dans leurs murs les premiers ouvriers
des inventeurs de l'imprimerie, pour former des
établissemens, et exploiter les richesses littéraires
qu'elles possédoient en manuscrits.

Sous ce rapport, Rome étoit alors la ville la plus
favorisée, et, sous la protection du pape Paul II,

(1) Mahomet assiégeoit Constantinople en 1453. Les Grecs ne
pouvant plus sauver la capitale de leur empire, sauvèrent les manuscrits les plus précieux, et les transportèrent en Italie.

elle fut aussi l'une des premières qui profitèrent des bienfaits de la découverte. L'auteur du premier ouvrage sorti des presses romaines est l'un des plus illustres Pères de l'Église : Conrad Swenheym et Arnold Pannartz imprimèrent, en 1467, le *Livre de la Cité de Dieu* de saint Augustin, et le caractère qu'ils y employèrent retint le nom de l'auteur du livre, et le conserve encore (1). Dans la même année, les mêmes imprimeurs publièrent les *Épîtres familières de Cicéron*, in-folio; et le nom du prince des orateurs de l'ancienne Rome resta également attaché aux caractères qui avoient servi à l'impression de son livre. (2)

Ulric Han (*Udalricus Gallus*) (3) vint à Rome vers la même époque, et eut pour collaborateur Antonius Campanus, évêque de Teramo, qui préparoit et collationnoit les manuscrits, fournissoit les copies et corrigeoit les épreuves.

Ce savant, étonné de la rapidité avec laquelle s'opéroit l'impression des volumes dans l'imprimerie d'Ulric Han, mit à la fin des *Philippiques de Cicéron*

----

(1) C'est le caractère appelé *Saint-Augustin*, qui correspond au 12 dans la division par points typographiques.

(2) C'est le *Cicéro*, qui correspond au 11. Ces désignations anciennes ne s'effaceront pas du langage des typographes; ils ont trop d'obligation à l'éloquence pour cesser de lui rendre un hommage dont leurs prédécesseurs leur ont donné l'exemple.

(3) *Gallus* ne veut pas dire qu'il fût François; Ulric Han étoit Allemand. *Gallus* est ici la traduction du mot *Han*, qui signifie *coq*.

une épigramme de six vers, dont voici les deux
derniers :

Imprimit ille die quantum vix scribitur anno ; (1)
Ingenio haud noceas, omnia vincit homo.

Deux Allemands, Jean et Vindelin de Spire, éta-
blirent les premières presses à Venise en 1469; et
Jean André, évêque d'Alérie, s'employa pour eux,
comme le faisoit à Rome l'évêque de Teramo pour
Ulric Han. On voit que les personnages les plus
éminens de l'Église, et les plus distingués par leur
érudition, participèrent aux développemens de l'imprimerie, l'assistèrent dans ses travaux, et partagèrent l'admiration qu'avoit excitée la découverte
de cet art.

L'introduction de l'imprimerie en France est également due à des théologiens qui appartenoient à
cette illustre Société qu'on avoit surnommée le *Con-
cile perpétuel des Gaules.* Dans l'année 1469,
Ulric Gering, natif de Constance, vint à Paris à la
demande de Guillaume Fichet, docteur de Sorbonne,
et à la recommandation de son ami Jean Lapierre,
Allemand d'origine, recteur de l'Université et prieur

(1) Ce vers, que beaucoup d'auteurs ont cité sur le même sujet,
a été souvent imprimé avec la faute : *Imprimit* illâ *die,* etc., comme
on le voit dans l'*Essai historique sur l'Imprimerie,* par J. Porth-
mann, p. 67, in-8°, 1810; dans le *Catalogue de la Bibliothéque de
Lyon,* par A. F. Delandine, in-8°, 1812 (*Belles-Lettres,* tome 1,
p. 13), etc., etc. ; et, par malheur, *aucun* imprimeur ne peut être
certain que cette citation à l'éloge de l'imprimerie ne sortira pas
un jour de ses presses, ainsi défectueuse, si les auteurs n'ont pas
l'attention d'en donner une copie correcte.

de Sorbonne. Gering étoit accompagné de deux associés, Martin Crantz et Michel Friburger ; tous trois ils avoient appris l'imprimerie à Mayence.

Ce fut dans les premiers mois de 1470, la dixième année du règne de Louis xi, qu'Ulric Gering commença d'imprimer dans une des salles du collége Sorbonne. Dès cette première année, les trois associés déployèrent une grande activité et beaucoup d'habileté dans leur art; et, ce qu'on ne peut assez admirer, vingt années suffirent pour développer et fixer des procédés d'exécution qui, pendant près de trois cents ans, n'éprouvèrent aucune variation (1), et sont encore aujourd'hui presque entièrement les mêmes.

Le premier ouvrage imprimé par les presses de l'Université et de la Sorbonne, fut celui que réclamoit alors l'état de dépérissement des bonnes lettres en France, dans un temps « où leur étude étoit négligée, et où la pureté de la langue latine étoit inconnue, et presque éteinte par les termes barbares de la philosophie ». *Gasparini Pergamensis Epistolarum Liber*, in-4°, reçut donc le premier en France les honneurs de l'impression. Gasparino de Bergame, qui avoit été professeur à l'Université de Padoue, étoit mort depuis quarante ans; mais il avoit ramené en Italie le goût de la bonne latinité et de la saine littérature, et ses ouvrages jouissoient alors d'une grande

(1) *Lettre du 25 janvier 1798, sur l'état de l'imprimerie à Mayence*, adressée à M. François de Neufchâteau, par M. Rudler, commissaire du Gouvernement (au Chapitre *Inventions et Perfectionnemens*).

réputation. Gering et ses associés, aidés, dirigés dans leurs travaux par les conseils des savans docteurs, mirent successivement sous presse les ouvrages des meilleurs historiens de l'antiquité ; le docteur Lapierre préparoit les copies et prenoit soin de la correction des épreuves.

Le docteur Fichet, en France, avoit rendu un aussi grand service aux études que Gasparino en Italie. Il dit dans une de ses lettres que l'on ne s'appliquoit pas avant lui à l'éloquence, et qu'on ne se souvenoit pas que personne eût, jusqu'alors, enseigné cette science, ou même en eût écrit les préceptes, à cause de la difficulté qu'il y avoit à le faire. Il établit à la Sorbonne un cours public de rhétorique qui attiroit un grand nombre d'auditeurs. On avoit répandu des copies de ses leçons ; mais elles étoient incorrectes et inexactes comme presque toutes celles que faisoient les scribes à cette époque. Fichet profita bientôt du nouveau moyen qu'il avoit sous la main pour répandre son ouvrage, et lui donna, par la correction, tout l'avantage qui manquoit aux manuscrits. « Cette première rhétorique de l'Université, dit Chevillier (1), fut ainsi composée, dictée, « et imprimée en Sorbonne. »

Dans une lettre écrite en latin et placée en tête des *Lettres* de Gasparino, Fichet fait des plaintes très vives sur la négligence et l'ignorance des scribes (*stationarii*), à l'époque de l'établissement de l'im-

____

(1) *De l'Origine de l'Imprimerie de Paris.*

primerie à Paris. Cette lettre est assez curieuse pour
être rapportée tout entière, telle qu'elle est traduite
dans *l'Histoire de l'Imprimerie et de la Librairie*,
par La Caille.

> GUILLAUME FICHET, *Docteur de Paris en Théo-
> logie*, à JEAN DE LAPIERRE, *Prieur de la
> Maison de Sorbonne*, Salut.

« Les Épîtres de Gasparino de Bergame que vous
« m'avez envoyées depuis peu, sont remplies d'agré-
« mens; car, outre qu'elles sont imprimées fort net-
« tement par vos ouvriers d'Allemagne, vous avez
« pris la peine vous-même de les corriger avec beau-
« coup d'exactitude. Gasparino vous est beaucoup
« obligé, puisque, de corrompu qu'il étoit aupara-
« vant, vous l'avez rendu parfait par vos soins et
« par vos veilles; mais quelles actions de grâces ne
« devroient pas vous rendre les docteurs de Paris,
« de ce que non seulement vous remplissez fort bien
« les devoirs de votre charge, en vous appliquant
« fortement à la théologie, mais aussi de ce que vous
« employez vos soins et vos peines à rétablir les au-
« teurs latins? En vérité, il faut être aussi savant et
« aussi honnête homme que vous êtes, puisque après
« avoir présidé avec beaucoup de gloire, et avec
« l'applaudissement de tout le monde, aux thèses de
« Sorbonne, vous donnez encore, par votre seule in-
« dustrie, le lustre et l'éclat aux belles-lettres, qui
« étoient presque ensevelies dans les ténèbres par
« l'ignorance de notre temps; car, outre plusieurs

« pertes d'ouvrages que la république des lettres
« avoit faites, elle avoit encore le déplaisir de voir
« tous les autres livres presque devenus barbares par
« la faute des scribes ; mais je suis bien aise que vous
« ayez chassé cette peste de la ville de Paris. Les im-
« primeurs que vous avez fait venir d'Allemagne
« rendent les livres fort corrects, et fort semblables
« aux manuscrits, puisque vous faites en sorte qu'ils
« ne mettent au jour aucun ouvrage que vous ne
« l'ayez corrigé auparavant par la confrontation de
« plusieurs exemplaires. C'est pourquoi ils devroient
« vous donner les louanges que vous méritez, et que
« donnoit autrefois Horace à Quintilien, censeur des
« poésies de son temps, puisqu'ils ont le plaisir de
« goûter de la fontaine de lait, plus douce mille fois
« que le miel, qui coule de l'éloquence agréable
« de Gasparino, et de celle de plusieurs autres
« beaux génies de cette ville; ce qu'ils font de jour
« en jour avec plus d'avidité, depuis que la rudesse
« en a été ôtée. Pour moi, je souhaiterois de tout
« mon cœur, à l'exemple de ce que disoit Platon, à
« la louange d'Aristote, d'avoir le plaisir de demeu-
« rer avec celui de qui je lis les ouvrages avec tant
« d'affection. Adieu ; aimez toujours celui qui a beau-
« coup d'attachement pour vous. *Écrit en Sorbonne*
« *par la main de* FICHET. »

Les premiers livres imprimés par les presses de la
Sorbonne, comme tous ceux du même temps, présentent des imperfections qui tenoient en partie à
l'imitation que l'on vouloit faire des manuscrits.

Cette imitation a été abandonnée peu à peu; mais il en est encore resté jusqu'à nos jours certains usages, tels que les lettres de deux-points employées au commencement des Chapitres, les initiales avec ornement, ou lettres grises, qu'on essaie de remettre en vogue, etc. Les premières presses n'avoient pas toute la précision et toute la solidité nécessaires pour donner un tirage parfaitement égal : aussi remarque-t-on dans ces premiers livres des mots à demi imprimés, que l'on a terminés à la main. Quelques titres sont restés en blanc faute de caractères. Il n'y a point de lettres initiales imprimées au commencement des Livres et Chapitres; la place en étoit réservée pour les peindre en or ou en couleur. Beaucoup de mots sont abrégés comme dans les manuscrits; mais ce qui constitue la solidité et la durée des livres, l'encre et le papier étoient déjà d'une qualité supérieure. Nous verrons au Chapitre des *Inventions et Perfectionnemens*, si l'imprimerie a obtenu des améliorations sous ce rapport.

On ne voit pas de lettres capitales dans ces premières productions; elles n'existoient pas encore. Un François, Nicolas Jenson (1), graveur des mon-

____

(1) Les historiens de l'Imprimerie de Paris, Chevillier et La Caille, disent que ce fut Louis xi qui envoya Jenson à Mayence, pour apprendre *le nouvel art de faire des livres*. M. Capelle, appuyé des recherches de M. Nodier, conservateur de la Bibliothéque de l'Arsenal, a réfuté cette assertion dans son *Manuel de la Typographie française*.

noies à Tours, avoit été envoyé à Mayence par Charles VIII, vers 1458, pour apprendre l'art de l'imprimerie chez Schoeffer; mais, au lieu de revenir en France, il se rendit à Venise, où il établit une imprimerie. Mettant alors à profit son talent pour la gravure, il imagina les caractères romains, dont il emprunta les majuscules ou capitales, à l'écriture latine, et donna aux minuscules une forme qui participoit de celle des lettres latines, lombardes, saxonnes et françoises. Ce caractère fut appelé romain, parce que c'étoit avec l'écriture romaine qu'il avoit le plus d'analogie, et c'est celui qui est aujourd'hui universellement en usage dans l'imprimerie; caractère dont les formes sont si agréables, si amies de l'œil, lorsqu'elles ne sont pas tourmentées par le burin des artistes, lorsque les pleins n'en sont ni trop grêles ni trop gras, lorsque les lettres ne sont ni trop serrées, ni trop larges, ni trop rondes, ni trop anguleuses, lorsqu'enfin elles réunissent la justesse des proportions à l'élégance et à la simplicité du dessin.

Peu d'années après, Alde Manuce imagina les caractères *italiques*, ou penchés; et la typographie se trouva dès-lors pourvue de ce qui lui manquoit encore pour différencier les textes, et donner de la variété aux diverses parties d'un livre.

Le caractère romain, semblable à celui de Jenson, ne fut mis en usage, à Paris, que dans l'année 1501, par Josse Badius. Celui dont se servoient les imprimeurs de Sorbonne étoit de forme gothique, mais qui avoit quelques rapports avec certaines lettres de l'écriture latine. Je ne suivrai pas ici les améliorations successives qui ont été introduites dans l'imprimerie de Paris, elles feront le sujet d'un Chapitre spécial, sous le titre *Inventions et Perfectionnemens*; mais je puis déclarer à l'avance que si la liste des essais en ce genre est fort étendue, celle des procédés réellement avantageux à l'imprimerie l'est infiniment moins.

Dans la quatrième année de l'établissement d'Ulric Gering à la Sorbonne, ses deux protecteurs et amis, Fichet et Lapierre, quittèrent Paris ; Fichet, pour se rendre à Rome, où il étoit appelé par le pape Sixte IV ; et Lapierre, pour s'enfermer dans un couvent de Chartreux, près de Bâle. Gering transporta alors ses presses dans une maison de la rue Saint-Jacques, à côté de l'église Saint-Benoît, en 1473. Les associés de Gering, Martin Crantz et Michel Friburger, retournèrent en Allemagne, dans l'année 1478 ; et cinq ans après, Gering changea encore de domicile, et vint occuper une maison rue de Sorbonne, sur laquelle il replaça l'enseigne du *Soleil d'or*, qu'il avoit prise rue Saint-Jacques. Cette maison, qui appartenoit à la Compagnie de Sorbonne, occupoit une partie du terrain qui forme aujourd'hui la place de même nom. Gering prit pour associé, à cette époque, Bertholde Rembolt, de Strasbourg. Cette nouvelle association donna une nouvelle activité aux entreprises de Gering, dont l'imprimerie prit encore un plus grand accroissement. Il est à remarquer que sur trente à quarante ouvrages imprimés par Gering, pendant la seconde et la troisième période de son établissement, on en compte à peine cinq ou six qui ne soient pas des livres de religion. C'est ce que l'admirable Ordonnance de Louis xii (1) fait si bien ressortir, en signalant les services rendus par l'imprimerie à la foi catholique et à la propagation des bonnes et salutaires doctrines.

Le premier imprimeur de Paris parvint à acquérir une grande fortune; ce qui s'est bien rarement rencontré après lui. Comme un témoignage de sa gratitude envers ses protecteurs, Gering légua, par testament, la majeure partie de ses biens à la maison de Sorbonne, et le reste au collége de Montaigu. Le docteur Chevillier nous fait connoître les rapports d'amitié et de bonne intelligence qui subsistoient entre Gering et ses patrons; ces détails ne sont pas aujourd'hui même sans intérêt.

« Gering étant revenu près des docteurs (après
« avoir quitté la rue Saint-Jacques), s'unit avec eux
« d'une si étroite amitié, qu'elle dura toute sa vie.
« Comme il n'étoit point engagé dans le mariage, il
« les visitoit souvent, se faisant un plaisir de conver-
« ser avec eux, et un honneur d'être à leur compa-
« gnie. Il leur communiquoit ses desseins, et les con-
« sultoit sur les ouvrages d'imprimerie qu'il entre-

____
(1) Voyez ci-après, page 18.

« prenoit, dont il faisoit présent à leur bibliothéque.
« Ce fut un avantage pour cette société, qui, ayant
« toujours été pauvre (suivant le titre de *Congregatio*
« *pauperum Magistrorum*, qui lui fut donné dès les
« commencemens par son fondateur Robert de Sor-
« bonne), a eu besoin en tout temps de trouver des
« amis qui eussent le pouvoir et la volonté de la se-
« courir dans ses nécessités. Elle en trouva un de
« cette qualité dans la personne de cet imprimeur
« allemand. L'estime et l'affection qu'il avoit pour la
« communauté de Sorbonne, lui faisoit ouvrir sa
« bourse pour lui prêter de l'argent toutes les fois
« qu'elle lui en demandoit. On en voit des preuves
« par les registres des procureurs. Un corps de logis
« où étoit anciennement la bibliothéque, étant tombé
« par caducité l'année 1493, et la communauté
« n'ayant pas d'argent pour le faire rebâtir, Gering
« donna cinquante francs. C'étoit alors un présent si
« considérable, qu'il mérita par là d'obtenir ce qu'il
« avoit toujours souhaité, d'être reçu au nombre des
« hôtes de la maison, c'est-à-dire d'y pouvoir loger,
« et d'avoir une place à la table des docteurs. En
« effet, M. le proviseur Jean Luillier, alors évêque
« de Meaux, lui fit expédier des lettres d'hospitalité,
« après qu'il eut témoigné à ce prélat qu'il donneroit
« encore une pareille somme pour achever le bâti-
« ment, et que c'étoit son dessein de faire de plus
« grands biens dans la suite. »

Gering mourut le 23 août 1510, dans sa maison

rue de Sorbonne, après avoir exercé l'imprimerie
pendant quarante ans, et avoir vu s'élever autour
de lui un grand nombre de presses, la plupart diri-
gées par des maîtres habiles qu'il avoit formés. Après
sa mort, Bertholde Rembolt acheta son imprimerie,
et la transporta rue Saint-Jacques, vis-à-vis la rue
Fromentel, dans une maison qui appartenoit encore
à la société de Sorbonne.

Tels furent les commencemens de l'imprimerie de
Paris. La Sorbonne ne tarda pas à recevoir la récompense du service qu'elle avoit rendu aux lettres.
Outre les grands biens que lui avoit légués son pro-
tégé, elle vit le goût de l'instruction et des études
se propager de tous côtés. Sa célébrité s'étendit au
loin; les élèves vinrent en foule à ses cours; des
bibliothéques commencèrent à se former. Louis XI,
qui aimoit beaucoup les livres, voulant favoriser
un art nouveau qui augmentoit ses jouissances, fit
transporter de Fontainebleau à Paris tous les manuscrits que les rois Charles V et Charles VI y
avoient réunis à grands frais. Il établit au Louvre
une belle bibliothéque (qu'on appeloit alors la *Librairie*), et y ajouta beaucoup de manuscrits et de
livres imprimés. Rien n'étoit plus nécessaire et plus
avantageux aux travaux de l'imprimerie de Paris,
qu'une réunion de manuscrits qui procuroit aux savans les moyens de vérifier les textes, de les com-
parer entre eux, et d'en donner des éditions fidèles
et correctes.

Trois ans après l'arrivée de Gering à Paris, Pierre Cæsaris et Jean Stol, encore deux Allemands, maîtres ès-arts de l'Université de Paris, dans laquelle ils avoient étudié, et élèves de Gering, avoient établi la seconde imprimerie à Paris, en 1473; et en 1510, époque de la mort de Gering, on y comptoit déjà plus de cinquante établissemens. Dans l'espace de quarante ans, la typographie avoit fait d'immenses progrès. Ceux qui l'exerçoient, soit par amour pour les lettres, soit par l'espoir de fortune, étoient tous animés par ce zèle et cette émulation qui perfectionnent si rapidement les arts. Déjà des livres, étonnans par l'exécution typographique, faisoient l'ornement des bibliothéques, et l'admiration des hommes instruits. Les plus grandes difficultés avoient été surmontées par des essais répétés, et par de grandes dépenses. Le *Corpus juris canonici*, en 3 vol. in-folio, 1501, imprimé par Gering et Rembolt, est véritablement une merveille de l'art, comparé à ces volumes brillans, légers et coquets, proclamés tous les jours par les journaux, comme des chefs-d'œuvre typographiques. Cet ouvrage, imprimé sur cinq colonnes, en divers caractères, en rouge et noir, d'une correction parfaite, seroit aujourd'hui un labeur effrayant pour les imprimeurs, comme tant d'autres productions de l'ancienne imprimerie.

En 1498, Gering et Rembolt avoient donné une édition de *Virgile*, in-folio, en caractères ronds, et

si soigneusement corrigée par Paul Maillet, régent
de l'Université, qu'elle fut célébrée comme exempte
de fautes.

Hoc eme quisquis amas tersum sine labe volumen ;
Nulla equidem toto corpore menda latet.

C'étoit surtout la correction, la plus belle parure
des livres, qui attiroit tous les soins de nos premiers
imprimeurs; et les noms des hommes les plus doctes,
qui les assistoient dans ce travail si minutieux, si
difficile, étoient un sûr garant du mérite de leurs
éditions sous ce rapport. Tout concouroit d'ailleurs,
en France, à l'accroissement d'une industrie nouvelle, dont tous les élémens se trouvoient sous la
main : le plomb, le cuivre, le fer, le bois, les huiles,
la laine, et surtout les papiers, qui surpassoient
alors en qualité ceux des fabriques étrangères. Cette
industrie, qui mettoit déjà tant de monde en mouvement, devoit nécessairement éveiller l'attention
du gouvernement.

Si l'Université n'avoit pas eu des droits acquis
pour exercer un patronage sur l'imprimerie, en raison même de la nature de ses produits, elle les auroit trouvés dans la reconnoissance des premiers
imprimeurs qu'elle avoit recherchés, accueillis, protégés, et qui lui donnoient le titre de Mère. Ils se
seroient montrés encore dans la confiance de nos
Rois, qui avoient une si grande estime pour l'art
que leur Fille aînée avoit introduit en France.

L'Université conserva donc le privilége de recevoir et d'instituer les imprimeurs, comme elle avoit celui d'instituer les libraires, qui faisoient transcrire les livres avant l'invention de l'imprimerie. Elle eut la surveillance et la direction de ce nouvel art, et prit soin de maintenir l'honneur du corps, en choisissant des hommes recommandables par leur instruction, leurs talens et leur capacité. La juridiction de l'Université sur la librairie, avant l'imprimerie, étoit pleine et entière. « Après la réception d'un libraire « de Paris par l'Université, le recteur lui donnoit « des lettres, par lesquelles il avoit pouvoir d'exer- « cer cette charge selon les règles et statuts, et il « étoit alors reconnu pour officier et suppôt de l'Uni- « versité, faisant l'office de libraire sous sa protec- « tion, et jouissant des mêmes priviléges et franchises « que les docteurs, régens, maîtres et écoliers. » (1)

Ce droit que possédoit l'Université de créer les libraires de Paris, et de leur donner des statuts et des réglemens, elle le tenoit de l'autorité royale. En 1411, Charles vi le confirma de nouveau à l'exemple des Rois ses prédécesseurs. Les imprimeurs ayant remplacé les écrivains de livres, se trouvèrent, de fait, sous la même juridiction, et par Lettres-patentes du mois de mars 1488, Charles viii leur accorda tous les priviléges dont jouissoient les membres de l'Université.

Les premiers réglemens qui régirent l'imprimerie

(1) Chevillier, *Origine de l'Imprimerie de Paris,* page 312.

2

eurent pour objet de favoriser ses progrès. Nos Rois eux-mêmes se plaisoient à énumérer dans leurs Ordonnances les grands avantages qu'elle avoit déjà procurés, et ceux qu'ils en attendoient encore, comme on le voit dans la Déclaration de Louis XII, donnée à Blois le 9 avril 1513, pour exempter d'un impôt de 30,000 livres le corps de la librairie.

« Pourquoi, Nous, ces choses considérées, vou-
« lant notredite fille l'Université de Paris, et nom-
« mément lesdits libraires, relieurs, illumineurs et
« escrivains, qui sont les vrais suppôts et officiers
« esleus par tout le corps de l'Université, être en-
« tretenus en leurs libertez, priviléges, franchises,
« exemptions et immunitez, et que d'iceux ils jouis-
« sent et usent entierement, pleinement et paisible-
« ment, sans permettre qu'ils leur soient aucune-
« ment enfreins, diminuez ou enlevez, pour la con-
« sidération du grand bien qui est advenu en notre
« Royaume au moyen de l'art et science de l'impres-
« sion, l'invention de laquelle semble être plus di-
« vine que humaine ; laquelle, grâces à Dieu, a été
« inventée et trouvée de notre temps, par le moyen
« et industrie desdits libraires, par laquelle notre
« Sainte Foi catholique a été grandement augmen-
« tée et corroborée, Justice mieux entendue et admi-
« nistrée, et le Service Divin plus honorablement
« et plus curieusement fait, dit et célébré ; au moyen
« de quoi tant de bonnes et salutaires Doctrines
« ont été manifestées, communiquées et publiées à

« tout chacun ; au moyen de quoi notre Royaume
« precelle tous les autres, et autres innumérables
« Biens qui en sont procedez et procedent chaque
« jour, à l'honneur de Dieu et augmentation de notre-
« dite Foi catholique, comme il est dit. Pour ces
« causes, etc. »

L'Université soutint toujours avec zèle et fermeté
les prérogatives dont jouissoit le corps de l'imprimerie et de la librairie, et sa sollicitude s'étendit
même jusqu'à faire exempter ses protégés du service
des gardes bourgeoises, qui étoit réclamé quelquefois
dans des temps de danger ; ce que lui accorda François 1er par Lettres-patentes de 1543, qui contien-
nent cette clause : *Dempto articulo concernente
excubias, et portarum custodiam hujus urbis Pa-
risiensis, tempore imminentis periculi, et neces-
sitatis ingruentis.*

En 1571, le prévôt des marchands ayant voulu
imposer une taxe sur les libraires et imprimeurs,
pour couvrir quelques dépenses de la ville, le docteur Suger, doyen de la Faculté de Droit, déclara,
dans une assemblée de l'Université, qu'on devoit
s'opposer aux prétentions du prévôt des marchands ;
qu'il falloit porter plainte au Roi, et que les imprimeurs et libraires ne pouvoient pas être séparés du
corps de l'Université.

En 1583, les libraires et imprimeurs, demandant
l'exemption d'une taxe imposée sur les arts mécaniques, exposèrent au Roi que faisant partie du corps

de l'Université, ils ne pouvoient être compris dans l'édit de création des métiers. Le roi Henri III fit droit à leur demande par sa Déclaration du 30 avril 1583, dont le considérant est conçu en ces termes remarquables :

« Nos chers et bien amez les imprimeurs de notre
« ville de Paris, nous ont, par leur requête, fait dire
« et remontrer, qu'auparavant que l'art de l'impri-
« merie eût été inventé, il y avoit grand nombre
« d'écrivains qui étoient censés et réputés du corps
« de l'Université de Paris, et depuis que ledit art
« d'imprimerie a été mis en lumière, les imprimeurs
« ont succédé au lieu desdits écrivains, n'ayant ja-
« mais ledit art d'imprimerie été mis au nombre des
« métiers mécaniques, ains tenu en tel honneur et
« réputation, que plusieurs personnages grandement
« expérimentés au fait des lettres, et de grande érudi-
« tion, ont bien voulu eux-mêmes prendre qualité
« d'imprimeurs. Toutefois, depuis quelques jours
« ayant été par Nous fait un édit de création de mé-
« tiers, ceux qui ont charge de l'exécution dudit
« auroient voulu comprendre les supplians entre les
« artisans mécaniques, chose du tout contraire à
« l'honneur de tout temps attribué à l'art d'impri-
« merie, etc. »

A la requête du recteur de l'Université, les impri-
meurs et libraires furent encore exemptés de payer des droits pour la confirmation de leurs anciens priviléges, à l'occasion du nouvel avénement à la cou-

ronne; cette nouvelle faveur fut confirmée par arrêt du conseil d'état de Henri IV, le 17 décembre 1594.

La même protection, la même bienveillance se retrouve dans tous les édits, ordonnances, arrêts qui régirent l'imprimerie dans les premiers temps de son établissement. On vouloit, par tous les moyens possibles, encourager un art qui étoit regardé comme une invention *plus divine que humaine*, et qui n'avoit jusqu'alors produit que d'excellens fruits. Nos Rois accordèrent aussi des grâces et des faveurs spéciales à des imprimeurs qui s'étoient distingués par de grandes entreprises littéraires, ou par le dévoûment et la fidélité qu'ils avoient montrés à la monarchie dans des temps de troubles. Henri Étienne recevoit une pension de Henri III, en considération des beaux ouvrages grecs et latins qu'il avoit imprimés; et lorsque le Roi lui donna commission d'aller en Suisse pour recueillir des manuscrits et des livres rares, le brevet lui fut expédié en ces termes :

« Monsieur de Sancy, j'ai accordé à Henri Estienne
« trois cens livres de pension, à prendre par chacun
« an, par les mains des trésoriers des Lignes, pour
« lui donner tant plus de moyen de s'entretenir, en
« considération des services que lui et ses prédéces-
« seurs m'ont ci-devant faits, comme j'espère qu'il
« continuera à l'avenir, tant du côté de Suisse et
« ailleurs, selon que les occasions s'en pourront of-
« frir. Pour cette cause, je vous prie qu'au pro-
« chain état que vous dresserez des pensionnaires

« desdites Lignes, vous y employiez ladite pension,
« et en faites payer icelui Estienne comme les autres
« pensionnaires desdits pays; et vous ferez chose qui
« me sera très agréable en ce faisant. Priant Dieu,
« monsieur de Sancy, qu'il vous ait en sa garde.
« Écrit à Paris, le douzième jour d'août 1579.

« Signé, HENRY. »

En 1651, Pierre Rocolet, imprimeur, syndic de
la Communauté des imprimeurs et libraires, reçut
de Louis xiv un témoignage éclatant de la bienveillance royale, en récompense de la conduite noble
et généreuse qu'il avoit tenue dans les troubles de
Paris. Le Roi lui fit remettre, par son maître des cé-
rémonies, une médaille et une chaîne d'or, qui étoient
accompagnées de la lettre suivante :

« Le Roi étant à Paris, voulant témoigner à Pierre
« Rocolet, son libraire et imprimeur ordinaire, la
« satisfaction qu'il a de ses bons, fidèles et agréables
« services, et lui départir quelques remarques d'hon-
« neur et de sa bienveillance, pour l'obliger de con-
« tinuer, Sa Majesté lui a fait don et présent d'une
« chaîne d'or, avec la médaille de sa figure et por-
« trait; afin que la portant et conservant, ses enfans
« soient conviés à l'imiter en l'affection et service de
« Sadite Majesté, et les autres excités à se rendre
« dignes de ses autres gratifications. Et à ce que sa
« postérité en soit bien informée, et que la mémoire
« leur en demeure, Sadite Majesté m'a commandé de

« lui en expédier le présent brevet, qu'elle a voulu
« signer de sa main, et contre-signé par moi, con-
« seiller et secrétaire d'état, le 23e septembre 1651.

« *Signé*, LOUIS.

« Et plus bas, DE GUÉNÉGAUD. »

Cependant, en continuant de protéger l'imprimerie, le gouvernement n'avoit pas méconnu quelle
influence elle avoit déjà exercée sur les esprits, et
combien il étoit important de contenir et de diriger
l'action d'un instrument qui, excellent en lui-même,
pouvoit être en même temps nuisible et dangereux,
comme tout ce qui est dans la main des hommes.
Aussi les Rois de France firent-ils des Réglemens pour
remédier aux abus qui s'introduisoient peu à peu
dans l'exercice de l'imprimerie.

L'origine des permissions et priviléges pour l'impression des livres date de 1521, époque à laquelle
les doctrines de Luther commençoient à troubler la
paix de l'Église, à enflammer les esprits, et à jeter
l'alarme dans les consciences. François 1er rendit une
Ordonnance qui fut communiquée à l'assemblée de
l'Université, et par laquelle il fut défendu aux libraires
d'imprimer, vendre et débiter aucun livre qu'il n'eût
été auparavant examiné et approuvé par l'Université
et la Faculté de Théologie. Henri II renouvela cette
Ordonnance en 1547, et ajouta que l'approbation
et la permission données par la Faculté de Théologie,
seroient imprimées au commencement des livres.

Charles ix confirma les Ordonnances de ses prédécesseurs, et en étendit l'exécution par son Édit de
1563, qui porte « que, celui qui aura imprimé un
« livre sans avoir obtenu privilége scellé du grand
« sceau de la chancellerie, sera pendu et étranglé. » (1)

La rigueur de ces défenses n'empêcha point les
libraires de France qui suivoient le parti protestant
d'imprimer toutes sortes de livres, sans se soumettre
à la loi des priviléges. Louis xiii renouvela cette Ordonnance en 1626; mais comme elle étoit souvent
éludée par ruse et même enfreinte ouvertement, il fut
dérogé aux anciens droits de l'Université, et le Roi
donna pouvoir au garde des sceaux de choisir telle
personne qu'il jugeroit convenable pour lire, exa-
miner et approuver les ouvrages avant l'impression.
L'Université perdit dès-lors une partie de ses attri-
butions, qui passa dans celles du Chancelier.

Cependant les mesures prises pour arrêter des désordres qui provenoient plutôt de l'effervescence et du
mouvement des esprits que des imprimeurs mêmes,
n'eurent pas l'effet qu'on en attendoit. Charles ix
fit encore un Réglement, en 1571, qui porte, article xxiii :

« Les maîtres imprimeurs de Paris éliront, par
« chacun an, deux d'entre eux, avec deux des vingt-
« quatre maîtres libraires-jurés de ladite année; l'of-
« fice desquels sera de regarder qu'il ne s'imprime

(1) Ordonnances de Fontanon, tome iv, p. 375.

« aucun livre ou libelle diffamatoire ou hérétique,
« et que les impressions qui se feront en chacune
« ville, soient bien et convenablement faites, correc-
« tement et en bon papier, bons caractères qui ne
« soient pas trop usés; et où lesdits jurés trouveront
« quelques fautes qui méritent répréhension, soit en
« l'impression, ou que les articles présens ne soient
« observés, ils en feront leur rapport, pour y être
« pourvu par le juge ordinaire, civil ou criminel,
« selon l'exigence des cas. »

Cet article amena plus tard l'établissement d'un
syndicat pour l'imprimerie et la librairie : il fut
constitué par Lettres-patentes, le 17 juillet 1618, en
présence de Henri de Mesmes, conseiller du Roi, et
lieutenant civil de Paris, chargé de l'exécution des
réglemens de la librairie, l'office de lieutenant général de police n'ayant été créé qu'en 1667. Ce syndicat étoit composé d'un syndic et de quatre adjoints,
renouvelés tous les deux ans. Ces officiers de la librairie et de l'imprimerie, qu'on appeloit *gardes* de
l'Université, eurent les mêmes fonctions qu'exerçoient
auparavant les quatre grands libraires-jurés de l'Université, auxquels étoient confiées l'exécution des réglemens et la surveillance de l'imprimerie et de la
librairie, sous la direction de l'Université. Ils visi-
toient les imprimeries, pour s'assurer si les livres
étoient bien imprimés, en bons caractères, bon papier, et d'une correction suffisante; si les ateliers
étoient pourvus du nombre de presses prescrit, enfin

si les réglemens étoient exactement observés. Avant
l'invention de l'imprimerie, on les nommoit *Magni
librarii*, et leur principal office étoit, à cette époque,
de fixer le prix des livres manuscrits.

Mais ce qui devoit surtout attirer l'attention de
l'autorité, c'étoit le nombre toujours croissant des
imprimeurs et des libraires. Ceux-ci se trouvant
exempts des taxes comme membres de l'Université,
avoient excité les plaintes des receveurs des impôts.
On réduisit le nombre des privilégiés à vingt-
quatre. Ces vingt-quatre libraires, presque tous imprimeurs, prêtèrent serment devant le recteur de
l'Université, et conservèrent, à l'exclusion des autres,
les franchises et immunités attachées aux membres
de l'Université.

Quant aux imprimeurs, comme il étoit alors, de
même qu'aujourd'hui, plus facile et plus lucratif
d'ouvrir magasin de librairie qu'officine d'imprimerie,
ils s'étoient beaucoup moins multipliés; mais le gouvernement voulant empêcher que leur nombre ne
devînt aussi trop considérable, il fut prescrit par le
Réglement de 1618 qu'il ne seroit plus reçu chaque
année qu'un libraire, un imprimeur, et un relieur,
comme on le voit par l'article LIII de ce Réglement.

« Il est défendu aux syndic et gardes de l'Université
« de ne plus recevoir par chacun an qu'un libraire,
« un imprimeur, et un relieur, lesquels seront tenus
« eux présenter un an auparavant leur réception,
« afin d'être immatriculés sur le registre de la com-

« munauté, afin, par ce moyen, d'obvier aux abus
« qui se commettent à cause du nombre effréné des
« libraires, imprimeurs et relieurs, et à ce qu'ils
« soient réduits à certain nombre, non compris les
« fils de maîtres ; et seront reçus se présentant selon
« l'ordre de leur apprentissage. »

L'effet de cette disposition ne pouvoit se faire sen-
tir que très lentement ; mais l'activité de l'imprimerie
alla toujours croissant, par la nature même des cir-
constances politiques, et surtout par l'impulsion
qu'elle recevoit à son tour des Lettres, alors si bril-
lantes et si fécondes, et dont elle avoit elle-même
accéléré les progrès et le triomphe. Louis XIII, par
zèle pour la religion, essaya de modérer le mouvement de l'imprimerie, et au commencement de
l'année 1629, il rendit une Ordonnance qui porte,
article LII :

« Les grands désordres et inconvéniens que nous
« voyons naître tous les jours de la facilité et liberté
« des impressions, au mépris de nos Ordonnances, et
« au grand préjudice de nos sujets et de la paix et
« repos de cet État, corruption de mœurs et intro-
« duction des mauvaises et pernicieuses doctrines (1),
« Nous obligent d'y apporter un remède plus puis-
« sant qu'il n'a été fait par les précédentes Ordon-
« nances, *encore que la force des lois consiste plus*

(1) La Déclaration de Louis XII dit : « Au moyen de quoi tant
« de bonnes et salutaires doctrines ont été manifestées, communi-
« quées et publiées à tout chacun. »

« *en la vigilance des magistrats sur l'observation*
« *et exécution d'icelles, qu'en ce qu'elles contien-*
« *nent.* C'est pourquoi, suivant le LXXVIII° article
« des Ordonnances faites à Moulins, nous défendons
« à tous imprimeurs, tant de notre ville de Paris
« que de toutes autres de notre Royaume, pays et
« terres de notre obéissance, d'imprimer, et à tous
« marchands libraires ou autres, de vendre, ou dé-
« biter aucuns livres ni écrits qui ne portent le nom
« de l'auteur et de l'imprimeur, et sans notre per-
« mission par lettres de notre grand sceau, lesquelles
« ne pourront être expédiées qu'il n'ait été présenté
« une copie du livre manuscrit à nos Chancelier ou
« Garde des Sceaux, sur laquelle ils commettront
« telles personnes qu'ils verront être à faire, selon
« le sujet et matière du livre, pour le voir et exa-
« miner, et bailler sur icelui, si faire se doit, leur
« attestation en la forme requise, sur laquelle sera
« expédié le privilége. — Remettant néanmoins à la
« discrétion et prudence de nosdits Chancelier et
« Garde des Sceaux, de dispenser de cette observa-
« tion ceux qu'ils verront devoir faire, soit par le
« mérite et dignité des auteurs, ou autres consi-
« dérations. »

La phrase imprimée en italique dans cette Ordonnance, doit paroître bien remarquable, et me
semble présenter un excellent principe de législation
sur la presse. Il ne suffit pas en effet d'établir des
Réglemens extrêmement sévères : pour qu'ils soient

efficaces, il faut encore que le concours de la magistrature en assure l'exécution; et lorsqu'il ne se trouve dans une loi que des peines excessives, les magistrats, par ce sentiment naturel qui est dans le cœur des hommes, ne voient plus d'accusé assez coupable pour faire l'application de ces peines; et la loi reste sans effet.

Des abus d'un autre genre que ceux que l'Ordonnance de 1629 avoit signalés, mais qui en étoient pour ainsi dire la conséquence, pouvoient faire perdre à l'imprimerie de Paris la supériorité qu'elle avoit acquise sur celle des autres pays. Louis xiv, voulant remédier au préjudice qui pouvoit aussi en résulter pour les lettres, donna l'édit de 1649, dont les motifs n'ont rien perdu de leur importance, et sont encore bien dignes d'attention, sous les rapports littéraires.

« Louis, par la grâce de Dieu, Roi de France et de
« Navarre : A tous présens et à venir, Salut. Reconnois-
« sant les grands désordres qui se sont introduits en
« l'imprimerie, comme elle se pratique aujourd'hui
« en notre royaume, et qu'au préjudice de nos Ré-
« glemens, on reçoit tous les jours en cette profes-
« sion des personnes incapables de l'exercer, nous
« avons pensé qu'un abus de si grande conséquence
« méritoit bien que nous prissions le soin de le cor-
« riger, afin que dorénavant notre règne, que nous
« espérons avoir signalé par de semblables réglemens
« remplis de justice et d'honneur, soit encore consi-

« déré pour l'avantage que les bonnes lettres rece-
« vront de celui-ci.

« On imprime à Paris si peu de bons livres, et ce
« qui s'en imprime paroît si manifestement négligé
« pour le mauvais papier que l'on y emploie, et pour
« le peu de correction que l'on y apporte, que nous
« pouvons dire que c'est une espèce de honte, et
« reconnoître que c'est un grand dommage à notre
« état ; et, davantage ceux de nos sujets qui embras-
« sent la profession des lettres, n'en ressentent pas
« un petit préjudice, quand ils sont obligés de re-
« chercher les anciennes impressions avec une dé-
« pense très notable.

« De cet abus naît un autre mal, qui est que le
« mauvais exemple des pères élevant leurs enfans en
« l'imprimerie, plus pour servir à l'avarice, que pour
« l'exercer honorablement, cette profession s'anéantit
« de jour en jour et de plus en plus ; même bien
« souvent, au lieu de les nourrir en cet exercice,
« qui a besoin d'une longue expérience et de beau-
« coup de connoissances, sont contraints de les en
« retirer, par le grand mépris auquel il est déchu.

« La misère des apprentis est encore si grande
« sous les maîtres, si peu soigneux de leur art, que
« mal aisément il s'en rencontre qui soient d'esprit
« et de courage capables de s'y employer avec l'hon-
« neur que mériteroit une si belle et si nécessaire
« profession, au lieu qu'au siècle passé des plus
« grands et des plus savans personnages tenoient à

« grand honneur de servir le public en cette occu-
« pation, qui a tant obligé les bonnes lettres.

« De cette source procède encore un autre mal-
« heur, qui est qu'un libraire ou un imprimeur fai-
« sant état de son exercice, et en reconnoissant le
« mérite et la dignité, entreprenant un ouvrage
« digne de voir la lumière, avec dépense et diligence,
« aussitôt on verra naître mille avortons contrefaits
« de gens qui, en la concurrence de celui-là, feront
« imprimer le même œuvre en mauvais papier, de
« caractères tout usés, et sans correction ; en sorte
« que par un soin préjudiciable au public, ils por-
« tent dommage aux ouvriers fidèles, nuisent à ceux
« qui auroient dessein de bien faire, et s'incommo-
« dent eux-mêmes.

« Ce désordre en la police de notre état donne
« de grands avantages aux étrangers, quand pour
« mieux faire, ils attirent chez eux le négoce, même
« se portent plus avant, et ont des boutiques dans
« nos bonnes villes, au moyen de quoi, sous des
« noms empruntés, ils emportent l'argent du royaume,
« où au contraire, ils avoient coutume de prendre
« de nous, non seulement des papiers blancs (dont
« encore ils ne sauroient se passer), mais aussi toute
« sorte de livres qui s'imprimoient en notre royaume
« d'une façon plus agréable et plus correcte qu'elle
« ne se faisoit en nulle autre part. Il a été aisé à
« juger que ces grands abus se sont introduits par
« l'incapacité des maîtres qui a procédé de leur mul-

« titude, et du peu d'intelligence qu'ont entre eux les
« imprimeurs et les libraires de notre royaume, en-
« core que nous y eussions suffisamment pourvu par
« les Réglemens, et par les défenses que nous avons
« faites ci-devant, d'en recevoir aucun qui ne fût
« capable, ni plus d'un par chaque année.

«Ces maîtres encore se sont émancipés de prendre
« pour apprentis un nombre de petites gens inca-
« pables, mal nourris et mal nés, en telle quantité que
« les inconvéniens et la honte en paroissent de jour
« en jour plus insupportables. Pour les faire cesser,
« *et remettre le plus beau et le plus utile de tous*
« *les arts en son lustre*, nous nous sommes fait re-
« présenter en notre Conseil les Ordonnances des
« Rois nos prédécesseurs et de Nous, sur le sujet
« de l'imprimerie, avec les états et les réglemens
« qui de temps en temps ont été faits pour sa réfor-
« mation; lesquels vus et ouïs, encore quelques uns
« des plus intelligens imprimeurs et libraires de notre
« bonne ville de Paris, nous avons résolu de faire
« étroitement observer le présent Réglement, et de
« châtier selon la rigueur de nos Ordonnances, ceux
« qui, en quelque manière que ce soit, y contre-
« viendront à l'avenir. »

L'Université forma opposition à l'homologation
de cet Édit au Parlement, et la Cour ordonna que
« douze personnes notables de littérature et expé-
« rience, au fait de la librairie et imprimerie, se-
« roient ouïes pour donner leur avis sur la commo-

« dité ou incommodité que le public pourroit rece-
« voir de l'exécution du contenu. »

C'étoit assurément le meilleur moyen à prendre
pour juger en connoissance de cause de la validité
de l'opposition, qui avoit été en même temps for-
mée par les syndic et adjoints de la librairie et de
l'imprimerie; cependant, comme il ne s'agissoit que
de la revendication de certains priviléges, l'Édit
fut sanctionné.

Cet Édit de 1649 servit de base aux Réglemens
qui furent donnés par la suite; mais comme la res-
triction apportée à la réception de nouveaux imprimeurs n'en avoit point encore assez réduit le nombre, selon l'intention des Ordonnances, il fut fixé à
trente-six par l'article XLIII du Réglement de 1686,
ainsi conçu :

« A l'égard des imprimeurs, il n'en sera reçu au-
« cun jusqu'à ce qu'ils soient réduits au nombre de
« trente-six; et après ladite réduction, il sera reçu
« autant de maîtres qu'il en manquera pour faire
« ledit nombre de trente-six seulement. Ceux des
« libraires qui ne seront actuellement imprimeurs,
« ne pourront ci-après en faire profession, tenir
« aucune imprimerie, ni même se présenter pour
« remplir les places des imprimeurs qui seroient va-
« cantes, lesquelles seront remplies par les fils des
« imprimeurs, s'ils se trouvent avoir les qualités re-
« quises, ou par ceux qui auront fait apprentissage
« chez les maîtres imprimeurs. » Ceux qui tenoient

alors imprimerie eurent la faculté d'en continuer l'exercice, et, en 1697, il y avoit encore cinquante-sept établissemens à Paris.

Toute la législation antérieure sur l'imprimerie et la librairie fut enfin fixée, et réunie dans un Réglement général arrêté au conseil d'état du Roi, le 28 février 1723, et rendu exécutoire dans tout le royaume, par arrêt du 24 mars 1744. Ce Réglement fut en vigueur jusqu'à l'époque de la révolution, où chacun eut la liberté d'établir des imprimeries.

Le gouvernement impérial, par décret du 5 février 1810, réduisit le nombre des imprimeurs à soixante pour Paris, et le fixa à quatre-vingts, par sur-décret du 11 février 1811. Il y avoit à cette époque quatre cents imprimeries à Paris.

On a vu, par l'exposé des anciens et principaux Réglemens, que l'autorité, tout en prenant des mesures pour tempérer l'action de la presse, sous les rapports de l'ordre et de la tranquillité publique, ne perdoit pas de vue les services qu'elle avoit rendus aux Lettres (1), et la protection qu'elle méritoit sous ce rapport.

Maintenant, l'imprimerie, dans nos institutions politiques, ne pouvant plus être distincte des autres professions industrielles ; ne recevant d'autre in-

______

(1) A l'époque de la première distribution des prix de l'Université, le 23 août 1747, elle arrêta que douze membres de l'imprimerie et de la librairie assisteroient à cette cérémonie, savoir, les syndic et adjoints en charge, et sept anciens officiers du corps.

fluence que celle qui lui vient du commerce de la
librairie ; n'ayant d'autres relations avec le gouvernement que celles que les lois lui ont maintenues
avec l'administration, en ce qui touche l'ordre public, devoit prendre rang parmi les manufactures ; et
c'est aussi par les principes qui dirigent les autres
genres d'exploitation que s'opère généralement aujourd'hui la fabrication des livres.

Une nouvelle génération d'imprimeurs a succédé
presque entièrement à celle du siècle dernier. Parmi
les quatre-vingts établissemens autorisés à Paris, on
en compte à peine six qui proviennent d'héritage ;
et probablement le plus grand nombre des posses-
seurs actuels auront d'autres successeurs que leurs
enfans, si l'on en juge par la quantité de mutations
qui s'est déjà opérée depuis quelques années. Une
des principales causes de la prospérité et de la considération dont jouissoit autrefois l'imprimerie de
Paris, étoit due surtout à l'estime et à l'attachement
que les imprimeurs avoient pour leur profession, et
aux avantages certains qu'ils en retiroient, et qui se
transmettoient dans chaque famille, avec l'honneur
du nom. La position des imprimeurs me paroît aujourd'hui bien différente. Je m'arrête : cette position, en quelque sorte précaire, de l'imprimerie de
Paris, est un sujet de graves réflexions que je livre
à ceux qui l'exercent, et qui formera le texte d'un
autre article (1). Un grand changement s'est opéré

____

(1) *De l'Imprimerie sous les rapports industriels*, iiᵉ Partie.

depuis quelques années dans le mode d'exploitation du commerce de la librairie : il s'est nécessairement introduit dans la fabrication des livres; et s'il sembloit trop prématuré d'assigner des conséquences fâcheuses à un système d'entreprises concurrentes, si multipliées, si promptement conçues par les libraires, si rapidement exécutées par les imprimeurs, il est certain du moins que ce système exige, de la part des imprimeurs, de nouveaux et de grands efforts pour soutenir la réputation littéraire dont a joui si long-temps l'imprimerie de Paris.

CHAPITRE PREMIER.

DES CORRECTEURS.

Il ne faut pas confondre les *correcteurs* avec les *protes*. Dans toute imprimerie bien organisée et montée pour les labeurs (1), il doit y avoir prote et correcteur. Au prote est confiée la gestion intérieure de l'établissement. Il est le chef ($\pi\rho\tilde{\omega}\tau o\varsigma$) de l'atelier; il en maintient l'ordre; il règle la distribution du travail et en surveille la marche et l'exécution. Le correcteur ne doit être occupé que de la lecture des épreuves. Toutes les fois qu'il aura d'autres fonctions, son attention partagée sur différens objets ne sera plus assez sûre pour remplir avec un plein succès celle qui doit captiver toutes ses facultés. La révision même des *tierces* (*voyez* ce mot) doit être confiée au prote plutôt qu'au correcteur, lorsqu'il n'y a pas dans l'atelier une personne spécialement chargée de

---

(1) On appelle *labeur*, en terme d'imprimerie, tout ouvrage qui forme un ou plusieurs volumes, nécessitant l'emploi d'une certaine quantité de caractères de même espèce. Il y a beaucoup d'imprimeries en France, et plusieurs à Paris, où il ne s'imprime pas de labeurs. Dans ces maisons, le prote et le correcteur ne font qu'un, et dans les départemens le maître imprimeur remplit souvent l'office de tous les deux.

cet emploi. C'est dire assez que le prote ne doit pas être dépourvu d'instruction; car la révision des tierces, après que les corrections ont été soigneusement conférées sur l'épreuve, doit être accompagnée, en quelque sorte, d'une rapide lecture, qui parfois saisit à l'improviste des fautes échappées au recueillement du correcteur, auquel sont dévolues les fonctions assurément les plus délicates et les plus épineuses de l'imprimerie. Voici cependant ce qu'en a dit un moraliste célèbre:

« Tel, tout d'un coup, et sans y avoir pensé la
« veille, prend du papier, une plume, dit en soi-
« même, je vais faire un livre, sans autre talent pour
« écrire que le besoin qu'il a de cinquante pistoles.
« Je lui crie inutilement : Prenez une scie, Dioscore,
« sciez, ou bien tournez, ou faites une jante de roue,
« vous aurez votre salaire. Il n'a point fait l'appren-
« tissage de tous ces métiers. Copiez donc, trans-
« crivez ; *soyez au plus correcteur d'imprimerie* :
« n'écrivez point. » (1)

On pourroit assurer, d'après cette finale, que La Bruyère n'avoit aucune idée de l'imprimerie, de même que beaucoup d'autres auteurs (2). Il est tou-

----

(1) *Les Caractères ou les Mœurs de ce Siècle*, par La Bruyère ; Chap. xv, *De la Chaire*.

(2) « La théorie de l'art de l'*imprimerie* ne devroit être ignorée
« d'aucun de ceux à qui l'usage des livres est familier. Il seroit à
« souhaiter que tout homme de lettres fût en état de juger saine-
« ment de la mécanique de ses productions ; par là les artistes qui
« s'en occupent se trouveroient obligés de le respecter assez pour

jours fâcheux qu'un homme d'esprit parle de choses qu'il ne connoît pas; il en parle mal, et il trompe souvent ses lecteurs. Je doute fort que La Bruyère lui-même, à qui il paroissoit plus facile d'être correcteur sans apprentissage, que de faire une jante de roue sans avoir appris le métier de charron, eût été jamais un bon correcteur. Les imprimeurs, depuis quelques années, ont dû croire que ce passage avoit été remarqué par beaucoup d'hommes de lettres qui se sont présentés dans les imprimeries, pour remplir l'office de correcteurs; et chacun sait le parti que l'on a pu tirer de leur savoir, qui n'étoit pas étayé de la connoissance de l'imprimerie.

« ne le point avilir par des fruits trop communs de leur ignorance « et de leur mauvais goût. » (*Manuel typographique*, par P. S. Fournier le jeune. *Paris*, 1764.) La connoissance de la théorie de l'imprimerie seroit sans doute parfois utile aux hommes de lettres; mais comme ils ne pourroient jamais la posséder qu'imparfaitement, elle contrarieroit souvent des dispositions mieux entendues par l'imprimeur. En ce qui concerne les artistes, c'est bien plutôt au typographe qu'à l'homme de lettres qu'il appartient de combattre et d'éviter l'emploi de ces productions informes et bizarres bien plus dignes de figurer dans les feuilles des imagers, que dans les belles pages de notre littérature : telles que les lettres contournées, écrasées, bariolées, blanches, noires, ombrées, égyptiennes, anglaises, etc. ; les caractères gras et lourds dont nos graveurs produisent chaque jour des essais nouveaux, et que nous nous serions empressés de réformer, s'ils nous étoient venus de nos prédécesseurs. Ce sont là des fruits du mauvais goût, je ne dirai pas de nos artistes mêmes, mais des artistes d'outre-mer, qu'ils ont imités; et les imprimeurs de Paris s'affranchiront sans doute bientôt de ces ridicules innovations qui tendent à dénaturer l'art typographique.

Les imprimeurs peuvent mieux juger que La Bruyère de l'importance des fonctions de correcteur, et certainement nos prédécesseurs l'apprécioient encore mieux que nous. Les hommes les plus éminens dans les lettres et dans les sciences, ou distingués par l'élévation de leurs emplois, n'ont pas dédaigné de s'associer aux travaux des imprimeurs des quinzième et seizième siècles.

Les correcteurs sont les colonnes d'une imprimerie; car il est impossible, et aujourd'hui encore plus que jamais, qu'un maître imprimeur, quelles que soient d'ailleurs ses connoissances, puisse lire les épreuves avec toute la tranquillité d'esprit nécessaire à ce genre de travail. Instruction, intelligence, mémoire, jugement, goût, patience, application, amour de l'art, et surtout l'œil typographique, voilà ce qu'attend pour le moins l'imprimeur du correcteur auquel il confie la lecture des épreuves; et à ce compte, on pourroit dire que bien peu d'imprimeurs seroient capables d'être bons correcteurs. Honorons, encourageons ces hommes utiles, qui, par leurs talens et leurs modestes travaux, contribuent si essentiellement à la réputation et à la prospérité de l'imprimerie françoise!

Les fastes bibliographiques ont conservé la mémoire d'un grand nombre de savans correcteurs, ou qui sont désignés comme tels; mais leurs travaux avoient plus de rapport avec ceux des éditeurs actuels. Ces savans ne lisoient pas seulement les épreuves, mais ils collationnoient les textes sur les manuscrits, les comparoient entre eux, composoient des notes, des commentaires, des préfaces, des épîtres en grec, en latin; et quelques uns partageoient avec les imprimeurs les produits de la vente. C'est surtout à la correction et à la fidélité des textes des premières éditions, grecques et latines, que l'imprimerie a dû ses rapides développemens dans les principales villes de l'Europe. Si les livres imprimés n'avoient pas eu, dès les commencemens, une grande supériorité d'exactitude sur les copies manuscrites, les scribes auroient plus long-temps exercé leur emploi; car les premiers livres imprimés étoient presque aussi chers que les manuscrits. Nos anciens maîtres prirent donc le moyen le plus certain pour rendre désormais inutile le travail si lent et si défectueux des scribes (1) : ce fut d'associer à leurs travaux les

(1) Il existe un volume manuscrit des *Canons de Gratien*, dans lequel une note de l'écrivain indique qu'il a été vingt et un mois à l'exécuter. L'incorrection et la négligence des scribes étoient telles vers les derniers temps, que les savans gémissoient sur la décadence de l'art, et s'invitoient à ne plus acquérir de manuscrits modernes. Le vélin même qu'on employoit avoit été parfois si rare, que les scribes, en râclant d'anciens et précieux manuscrits, pour y substituer le latin barbare du moyen âge, en avoient déjà détruit un grand nombre; tandis que, de leur côté, les relieurs, qui avoient commencé dans le quatorzième et le quinzième siècle à couvrir les livres avec des parchemins manuscrits, multiplioient encore les pertes de la littérature, qui en a fait ainsi d'irréparables. Tout paroissoit donc disposé par la puissance divine pour favoriser la naissance de l'imprimerie, dans un temps déjà signalé par d'autres découvertes surnaturelles, ou

hommes les plus profonds et les plus instruits de l'époque.

La langue latine étoit encore si généralement répandue au commencement du seizième siècle que tout le monde parloit latin dans la maison de Robert Étienne : sa femme, ses enfans, ses correcteurs, et même ses domestiques. C'étoit surtout à cause des correcteurs que l'habitude de parler latin s'étoit établie dans la famille, parce que ces étrangers, hommes de lettres distingués de divers pays, ne connoissant pas la langue françoise, parloient toujours latin entre eux. Comme ils résidoient dans la maison d'Étienne, et qu'ils mangeoient à sa table, chacun fut obligé d'entendre leur langage. Ils furent jusqu'à dix en même temps employés dans l'imprimerie de Robert Étienne à la révision des textes, et à la correction des épreuves.

Chaque ouvrage avoit alors un correcteur particulier. Les livres de religion étoient lus par des théologiens; les livres de droit par des jurisconsultes; l'astronomie, la médecine, par ceux qui possédoient ces sciences; et la littérature grecque et romaine par des docteurs des Universités de France ou des pays étrangers. Aujourd'hui les épreuves de quinze ou vingt ouvrages de tous les genres, passent alter-

les lettres grecques fugitives abordoient en Italie, et où des hommes supérieurs dans tous les genres se trouvoient prêts pour les recueillir, et les répandre dans le monde entier, en même temps que les trésors littéraires de l'ancienne Rome.

nativement sous les yeux des correcteurs. Le style,
les tournures de phrase, les systèmes d'orthographe,
de ponctuation, varient selon le goût des auteurs; et
il faut que l'œil, la mémoire, l'esprit, soient présens
et attentifs à tout. Aussi n'existe-t-il peut-être pas
d'emploi plus difficile à bien remplir que celui de correcteur dans les imprimeries très occupées. Souvent
placés au milieu du bruit de l'atelier (ce que l'on doit
éviter autant que possible); dérangés fréquemment
pour donner des renseignemens aux compositeurs,
ou pour répondre aux auteurs; harcelés par les ouvriers imprimeurs, qui s'inquiètent peu qu'il reste des
fautes dans les épreuves, pourvu qu'ils n'attendent
pas une minute après les feuilles qu'ils sollicitent,
on peut s'étonner que la correction soit encore aussi
satisfaisante qu'elle l'est généralement dans les imprimeries de Paris. Il est vrai que les libraires ou les
éditeurs qui s'attachent à donner de bonnes éditions, indépendamment de la lecture des épreuves à
l'imprimerie, en chargent encore des hommes de
lettres ou des correcteurs particuliers qui ne rési-
dent pas chez les imprimeurs; et ces lectures, ces
soins, deviennent alors très dispendieux. Un libraire
de Paris a payé jusqu'à quarante-huit francs la lecture
de chaque feuille d'une collection in-32 de classiques
latins, imprimée en 1824 et 1825, et le travail de
l'homme de lettres pour collationner les textes, re-
voir les copies, étoit rétribué séparément. Les frais
de correction n'étoient pas moins considérables

anciennement, lorsque les éditeurs vouloient assurer un succès durable à leurs entreprises. Lejay, éditeur de la *Bible polyglotte*, 10 vol. in-folio, qui furent dix-sept ans sous presse chez Antoine Vitré (1628 à 1645), paya à Philippe d'Acquin la somme de *quatre mille livres* pour la seule correction de l'*Ancien Testament* dans les deux langues hébraïque et chaldaïque, ce qui équivaudroit à plus de sept mille francs aujourd'hui.

Dans la liste des correcteurs dont l'exemple est propre à exciter le zèle et l'émulation des jeunes gens qui pourroient embrasser la carrière typographique, il se trouve des noms chers aux sciences et aux lettres, et bien dignes de la reconnoissance des savans de tous les âges. Je citerai seulement quelques uns de ceux qui furent correcteurs des ouvrages dont ils avoient dirigé l'impression.

Un des premiers qui s'honorèrent de ce titre, fut *Jean Chappuis*, licencié en droit, qui corrigeoit spécialement les ouvrages de droit dans l'imprimerie d'Ulric Gering, associé alors avec Bertholde Rembolt, en 1591. *Jean Hucher*, de Verneuil, dans sa préface de l'édition latine de *Saint-Chrysostôme*, prit le titre de correcteur de Chevallon, imprimeur de l'ouvrage : *Joannes Hucherus Vernaliensis in Chevallonii officinâ* επανορθῶτης, *correctorem vocant, optimo Lectori, S.* — *Frédéric Morel*, interprète du Roi pour les langues grecque et latine, héritier et successeur de Vascosan, dont il étoit le gendre, avoit été correcteur dans l'imprimerie de Charlotte Guillard, qui eut pour premier mari Bertholde Rembolt, et qui épousa Chevallon en secondes noces. Morel contribua beaucoup à soutenir la réputation de l'imprimerie de cette femme remarquable. Du vivant de ses deux maris, elle partageoit leurs travaux, et dirigea son établissement pendant cinquante années consécutives, avec de grandes fatigues, et de grandes dépenses, comme elle l'a écrit elle-même en latin : *Quæ hosce quinquaginta annos continuos hoc imprimendi munus administro, id est gravissimum et impensarum et curarum pondus volvo moveoque.*

Badius Ascencius (Bade d'Asch ou Josse Bade), d'abord professeur de langues grecque et latine, devint correcteur et gendre de Jean Treschel, imprimeur de Lyon. Il publia ensuite des Commentaires sur *Horace, Juvénal, Martial, Lucrèce, Senèque Salluste, Valère-Maxime, Quintilien*, etc. Il commença à imprimer à Paris vers 1495, époque à laquelle Alde Manuce élevoit son imprimerie à Venise. Il eut trois filles qui furent mariées à trois imprimeurs de Paris, Robert Étienne, Michel Vascosan et Jean de Roigny.

Parmi les nombreux correcteurs de Robert Étienne, on distingue *André Guntlerus, Gerard Leclerc* et *Adam Nodius*. Henri Étienne, son fils, compta parmi ses plus habiles correcteurs un homme qui trahit sa confiance, et qui fut une des principales causes de sa ruine. *Jean Scapula*, qui corrigeoit les épreuves de son *Thesaurus linguæ græcæ*, 1572, faisoit en même temps un Extrait de ce Dictionnaire, plus approprié aux étudians, et le publia peu d'années après celui de son maître; ce qui en arrêta la vente, et causa une grande perte à Henri Étienne.

Alde Manuce, à Venise, parvint à réunir dans son établissement, comme correcteurs ou collaborateurs, des hommes du premier mérite, et ils furent en assez grand nombre pour former une Académie *(Neacademia)*, dont les membres se livroient à la correction des livres, chacun suivant ses connoissances spéciales. Il s'y trouvoit des théologiens, des littérateurs, des grammairiens, des professeurs, des médecins, des historiens, parmi lesquels on distinguoit *Demetrius Chalcondylas, Janus Lascaris, Marc Musurus, Benedictus Tyrrhenus, Erasme,* qui partagèrent les travaux et la gloire d'Alde Manuce.

L'imprimerie de Plantin, à Anvers, dut une partie de sa célébrité à l'habileté et au mérite de ses correcteurs, qu'il entretenoit à grands frais. De ce nombre on cite *Antoine Gesdal, Victor Giselin, Théodore Pulman, Hardouin, Juste Lipse,* et *François Rhaphelenge,* qui, allant visiter l'imprimerie de Plantin, s'arrêta chez lui, quoiqu'il fût attendu à Cambridge, pour professer la langue grecque, prit plaisir à corriger des épreuves, et devint ensuite gendre et successeur de Plantin, dans un de ses établissemens.

Mais le plus remarquable des correcteurs est sans contredit *Corneille Kilian*, qui, pendant cinquante ans, se livra à la correction des épreuves chez Plantin (1). Il fit une Apologie des correcteurs contre les auteurs. Elle se compose de dix-huit vers, qui trouveront probablement leur application tant qu'il existera des auteurs et des imprimeurs.

CORRECTOR TYPOGRAPHICUS.

Officii est nostri mendosa errata librorum
  Corrigere, atque suis prava notare locis.
Ast quem scribendi cacoëthes vexat, ineptus
  Ardelio vitiis barbarieque rudis ,
Plurima conglomerat, distinguit pauca, lituris
  Deformat chartas, scriptaque commaculat.
Non annum premit in nonum, non expolit arte ;
  Sed vulgat properis somnia vana typis.
Quæ postquàm docti Musis et Apolline nullo
  Composita exclamant, ringitur ardelio ;
Et quácumque potest sese ratione tuetur,
  Dum Correctorem carpit agitque reum.
Heus ! cessa immeritum culpam transferre deinceps
  In Correctorem , barde , typographicum.
Ille quod est rectum non depravavit. At audin ?
  Posthàc lambe tuos , ardelio , catulos.
Errata alterius quisquis correxerit, illum
  Plus satis invidiæ, gloria nulla manet.

(1) Les presses mêmes qui *rouloient* dans l'imprimerie de Plantin, mort en 1589, sont conservées telles qu'elles étoient de son temps, dans la maison de M. Moretus, à Anvers, descendant de Jean Moretus, qui succéda aussi a Plantin, dont il avoit épousé la seconde fille.

LE CORRECTEUR D'IMPRIMERIE.

« Notre fonction est de corriger les fautes des
« livres, et de relever les passages défectueux. Mais
« un méchant brouillon qui accumule les fautes et
« les tournures barbares, emporté par la rage d'écrire,
« fait des compilations sans discernement, couvre
« les feuillets de ratures, et souille le papier. Il ne
« passe pas neuf années à ce travail, il ne prend pas
« la peine de le polir; mais il se hâte de faire impri-
« mer ses rêveries par des presses diligentes; et lors-
« que des savans proclament qu'il écrit en dépit des
« Muses et d'Apollon, notre brouillon enrage. Il se
« défend de toutes ses forces, et s'en prend au cor-
« recteur qu'il accuse. Eh! cesse donc, lourdaud,
« d'attribuer au correcteur un tort qu'il n'a pas. Ce
« qu'il y a de bien dans ton livre, l'a-t-il gâté? N'en-
« tends-tu pas? Désormais, brouillon, lave toi-même
« ton linge (1). Corriger les fautes d'un autre, c'est
« s'exposer à le mécontenter, sans en retirer aucune
« gloire. »

L'un des plus ardens disciples de Luther, *Melanchton*, conduisoit à vingt ans l'imprimerie d'Anselme,
à Tubingen, et fut le correcteur de la *Chronique de
Nauclerus*.

Ce fut ainsi par le concours d'hommes savans et
laborieux que, dès le principe, l'imprimerie de Paris

____

(1) *Lambe tuos catulos* m'a semblé devoir être traduit par une
expression proverbiale équivalente.

acquit une grande réputation pour la correction
des textes grecs et latins principalement. Plusieurs
auteurs, cependant, eurent occasion de faire de
graves reproches, dans ces temps mêmes, à quelques imprimeurs, qui, par insouciance ou par une
économie blâmable, n'avoient aucun correcteur, ou
n'employoient que les plus ignorans et les plus incapables; ce qui fut réputé *crime en matière d'imprimerie,* par André Roccha (1); et Henri Alstedius,
dans son *Encyclopædia,* ou *Abrégé des Arts et des
Sciences,* dit que si les correcteurs n'ont pas d'habileté, « ce ne sont pas des livres qui sortent de leurs
« mains, mais des cadavres ou des fantômes de livres,
« quand bien même ils seroient imprimés sur beau
« papier, avec une belle encre, et en beaux carac-
« tères. » Il est difficile aujourd'hui qu'un imprimeur
puisse se passer de correcteurs; mais il n'est pas rare
que ceux qu'il emploie soient dépourvus de la capacité et des connoissances nécessaires pour en bien
remplir les fonctions. Il est d'une telle importance
cependant d'avoir de bons correcteurs, qu'il n'est
guère possible d'accuser les imprimeurs d'indiffé-
rence sur ce point. La difficulté est de rencontrer
des hommes qui joignent à beaucoup d'instruction,
des connoissances assez étendues en typographie
pour bien corriger les épreuves.

Tous les moyens qu'on a tentés autrefois pour

____

(1) *L'Origine de l'Imprimerie de Paris,* par Chevillier, p. 88.

assurer la correction, dont les imprimeurs du dix-septième siècle s'étoient beaucoup relâchés, n'ont eu aucun résultat. Le commerce de la librairie s'étant beaucoup étendu, et une plus grande célérité dans la fabrication étant devenue nécessaire, les livres devinrent de plus en plus incorrects, surtout les livres françois. Aujourd'hui que la promptitude dans l'exécution est exigée encore plus que jamais des imprimeurs, qui en font, par nécessité, le premier mobile du succès de leurs établissemens, combien ne seroit-il pas avantageux de découvrir un moyen de donner à tous les livres une correction rigoureuse et immanquable! ce perfectionnement vaudroit à lui seul tous ceux que l'on a tant vantés jusqu'à ce jour.

Le Réglement de 1649 (1) reprochoit à l'imprimerie de Paris d'avoir beaucoup perdu de son ancien éclat, parce qu'on ne voyoit plus comme au siècle passé « les plus grands et les plus savans personnages « tenir à grand honneur de servir le public dans « cette occupation. » L'article xxvi imposoit aux libraires l'obligation de prendre un certificat de correction pour certains livres, tels que Catéchismes, Vies des Saints, Missels, Bréviaires, et autres livres d'Église.

Si cette précaution étoit jugée nécessaire alors, ne le seroit-elle pas moins aujourd'hui que l'on

______

(1) Voyez ci-dessus, p. 29.

met dans la main des enfans des livres d'instruction
religieuse, où l'on trouve des fautes aussi graves que
celles qui abondent dans une édition du *Catéchisme*
de l'abbé Fleury (*Clamecy*, 1826, page 7), où il
est dit : « La concupiscence est l'amour de nous-
« mêmes qui nous détourne d'aimer notre Créateur ;
« et de là viennent tous les péchés qui mènent à la
« vie éternelle. »

Voilà un Catéchisme certainement beaucoup plus
dangereux pour la société, avec une pareille faute,
que les biographies les plus mensongères ; et cependant il circule dans les écoles, et on le fait apprendre
par cœur aux enfans. On croiroit du moins qu'un *errata*, placé à la fin ou au commencement du volume, doit redresser une aussi révoltante hérésie ; il
n'en est rien, et le lecteur est obligé de substituer de
lui-même le mot *mort* à celui de *vie*, ce qui n'est pas
assurément à la portée des enfans.

Page 31 de la même édition, une faute moins
alarmante, à la vérité, ne laisse pas encore de sur-
prendre celui qui lit : « Tel fut Élie, qui arrêta la
« pluie pendant trois ans et demi, fit plusieurs autres
« miracles étonnans ; et enfin fut enlevé au ciel, et
« est encore vivant. ». Ce dernier miracle n'est pas
dans le texte de Fleury, qui a écrit : *Étant encore
en vie.*

Cet exemple, et beaucoup d'autres qu'on pourroit citer, prouve qu'il seroit aussi important que

jamais de s'occuper des moyens de perfectionner la correction. Plusieurs auteurs ont proposé d'exiger que les noms des correcteurs fussent imprimés en tête des livres dont ils auroient lu les épreuves, présumant que lorsque leur honneur et leur amour-propre se trouveroient engagés par cette publicité, ils seroient plus soigneux de leur lecture; mais ce moyen ne rendroit les livres ni plus ni moins corrects, parce que l'homme le plus instruit, le plus susceptible d'attention, peut laisser des fautes graves dans une épreuve, et sans rien perdre de sa considération pour ce fait. Seulement quand le public connoîtroit le nom d'un homme plein d'érudition, qui auroit pris ainsi une responsabilité au-dessus de ses forces, il plaindroit davantage ceux qui exercent un art aussi imparfait, et dont on lui vante tous les jours les étonnans progrès. En 1637, le docteur Chartier, professeur de médecine, voulant publier une édition en grec et latin des ouvrages d'Hippocrate, ne put trouver aucun correcteur à Paris, capable de lire les épreuves; et il fut obligé de confier à plusieurs savans de ses amis ce pénible et minutieux travail. Il désiroit qu'il fût réglé par une Ordonnance :

« 1°. Que toute impression qui contiendroit un « certain nombre de fautes, fût supprimée;

« 2°. Qu'aucun maître ne tiendroit imprimerie qui « ne sût la langue grecque et latine;

« 3° Que les appointemens des correcteurs se-
« roient fixés à un prix plus haut, et qu'on n'en pren-
« droit que de très habiles ;

« 4° Qu'il y auroit toujours trois correcteurs qui ver-
« roient chaque épreuve une fois l'un après l'autre. »

On voit qu'il y auroit toujours une difficulté qui
rendroit inexécutable toute Ordonnance basée sur
ces dispositions, tant qu'elle n'indiqueroit pas en
même temps où se trouveroient ces *correcteurs très
habiles*.

Le Réglement de 1649 énonçoit quelques mesures analogues à celles proposées par le docteur
Chartier, mais elles restèrent sans exécution.

L'article LVI du Code de l'Imprimerie et de la
Librairie de 1723, est ainsi conçu :

« Les imprimeurs qui ne pourront eux-mêmes va-
« quer à la correction de leurs ouvrages se serviront
« de correcteurs capables, lesquels seront tenus de
« bien et soigneusement corriger les livres, et de
« rendre aux heures accoutumées les épreuves corri-
« gées ; en sorte que si par leur faute il y avoit né-
« cessité de réimprimer les feuilles qui leur ont été
« données pour corriger, elles seront réimprimées
« aux dépens desdits correcteurs. »

Loin de procurer des correcteurs habiles, un
semblable article étoit plutôt fait pour dégoûter du
métier ; car lorsqu'on l'a tant soit peu exercé, on
conviendra qu'il seroit par trop rigoureux de faire
supporter les frais de réimpression à un correcteur

instruit et assidu, parce qu'il aura laissé une faute
dans une épreuve, dans dix, dans trente ; car une
seule faute doit entraîner la nécessité de réimprimer;
et toute l'application du correcteur le plus heureux ,
ne pourroit ainsi le mettre à l'abri de dépenses plus
élevées que ses honoraires à la fin de l'année.

On conçoit cependant qu'une trop grande indul-
gence de la part des imprimeurs pour les fautes de
leurs correcteurs, entraîneroit de graves abus. Les
imprimeurs doivent toujours avoir le droit de rendre leurs correcteurs responsables des frais de réim-
pressions qui pourroient être exigées d'eux, lorsqu'il
est évident surtout que les fautes ne sont dues qu'à
la négligence du correcteur.

Cet article LVI maintenoit toutes les dispositions
des Réglemens antérieurs ; mais comme il donna lieu,
sans doute, à des représentations qui furent jugées
valables, l'article II de l'Arrêt du Conseil, du 10
avril 1725, le modifia d'une telle manière, qu'il
dut rester encore sans application.

« Seront tenus les imprimeurs de donner une at-
« tention particulière à ce que les éditions des livres
« qu'ils feront imprimer à l'avenir, soient absolu-
« ment correctes, *autant que faire se pourra.* »
Avec cette clause, il n'existoit plus de responsabilité
pour personne.

Enfin, en 1731, on ajouta, par forme d'avertisse-
ment, l'instruction suivante, qui fut confirmée par
Arrêt du 24 mars 1744.

« Les libraires et imprimeurs qui voudront être
« eux-mêmes les correcteurs de leurs éditions le pour-
« ront, à condition qu'ils répondront des fautes trop
« considérables qui se rencontreront dans leurs li-
« vres, qui seront, ou réformés à leurs dépens par
« des cartons, ou déchirés s'ils sont trop défectueux.
« Les auteurs pourront pareillement être les révi-
« seurs de leurs ouvrages; mais dans l'un et dans
« l'autre cas, les libraires, l'imprimeur, ou l'auteur
« qui se sera chargé de la révision, sera tenu de
« mettre au-dessous de l'approbation, son *vu* de
« correction, signé de lui. »

Cette disposition, qui ne concernoit plus les correcteurs de profession, pouvoit stimuler la diligence
et les soins des intéressés; mais quelques ouvrages
qui portent ce *vu* de correction, n'en passèrent pas
moins avec une dose obligée d'incorrection.

Tous les Réglemens sur ce sujet furent d'ailleurs infructueux, comme ils devoient l'être, parce
qu'avant de penser à maintenir les soins et l'exactitude des correcteurs, il falloit pourvoir à ce qu'il y
en eût de bons, ce qui, sans doute, n'étoit pas plus
facile dans le dix-huitième siècle que dans le nôtre,
et peut-être par les mêmes causes. En effet, l'avantage que nombre de jeunes écrivains trouvoient à
faire le service des gazettes littéraires, à travailler
aux grandes compilations à tant la feuille, etc., etc.,
enlevoit à l'imprimerie des sujets qui auroient pu de-
venir de bons correcteurs. Il est probable que si les

imprimeurs pouvoient donner des traitemens plus considérables aux correcteurs, comme le souhaitoit le docteur Chartier, il s'en présenteroit un plus grand nombre; mais j'ai déjà dit que beaucoup de personnes fort instruites avoient été forcées presque aussitôt de résigner leur emploi. J'ai vu un professeur réformé, animé de la meilleure volonté, rester confondu, après s'être exercé pendant deux mois à la correction des épreuves, de la quantité de fautes qu'il n'apercevoit point. L'on conçoit qu'il seroit ruineux pour l'imprimeur de payer fort cher des hommes très instruits d'ailleurs, mais qui ne parviendroient peut-être que très lentement à acquérir les qualités d'un habile correcteur; car pendant le temps des premiers essais, il faudroit nécessairement payer d'autres personnes employées à la correction, et les prix sont déjà bien éloignés de ceux qui étaient établis en 1788, où les appointemens d'un correcteur de l'Imprimerie Royale sont portés à 300 liv. dans le *Compte rendu* au Roi, en mars 1788, et ceux du directeur à 1,400 liv. L'administration, qui en différens temps a porté son attention sur les correcteurs, jugeoit sans doute combien il étoit important pour l'imprimerie françoise de maintenir son ancienne renommée; et l'incorrection toujours croissante de certains livres d'usage avoit excité sa vigilance à cet égard. Mais il faut regretter qu'elle se soit bornée à donner quelques instructions plutôt que de fournir des remèdes efficaces pour réduire, sinon faire disparoître entièrement cette véritable plaie de l'imprimerie.

Il me semble cependant qu'on pourroit les trouver dans l'Imprimerie Royale même, dont l'établissement et la conservation est due à cette sollicitude de nos Rois pour tout ce qui pouvoit contribuer à maintenir la suprématie de l'imprimerie françoise en Europe.

Tous les Édits, Arrêts, Ordonnances, Réglemens, rappellent les éminens services rendus à l'état et au trône par l'imprimerie depuis sa découverte ; mais ils déplorent aussi quelquefois la décadence de cet art sous les rapports de la correction. Je crois que l'on parviendroit en peu d'années à pourvoir l'imprimerie d'excellens correcteurs, si l'on formoit une espèce d'*école typographique* à l'Imprimerie Royale. On y admettroit seulement des élèves qui auroient fait de bonnes études grecques, latines, et même hébraïques. Une grande partie de leur temps seroit consacrée d'abord à la pratique de l'imprimerie, et on les exerceroit peu à peu à la lecture des épreuves. Lorsqu'ils y auroient acquis assez d'habileté, ils seroient placés chez les imprimeurs du commerce, qui s'empresseroient de les accueillir, et de leur offrir un traitement honorable et digne de leurs talens, parce que les imprimeurs qui emploieroient les correcteurs élèves de l'Imprimerie Royale, s'en feroient avec raison un titre de recommandation. Lorsque ces hommes utiles et laborieux auroient fourni leur carrière, fixée à un certain nombre d'années, ou que l'affoiblissement de la vue ou de la mémoire (car il faut aussi beaucoup de mémoire aux correcteurs), les forceroit à discontinuer des travaux trop actifs, ils rentreroient à l'Imprimerie Royale, et présideroient à leur tour à l'instruction de jeunes élèves. L'établissement d'un bureau de correction à l'Imprimerie Royale seroit encore d'une grande utilité pour les imprimeurs, qui pourroient y envoyer les épreuves à corriger, moyennant un prix convenu, lorsqu'ils ne seroient pas assez occupés pour supporter les frais d'un correcteur à demeure, ou d'un second correcteur dans le cas d'un surcroît de travaux passagers.

Les correcteurs de l'Imprimerie Royale pourroient encore former une espèce d'*Académie* typographique, à l'instar de celle d'Alde (1), sans cependant qu'il fût d'obligation de n'y parler que la langue grecque. En donnant seulement l'idée d'une pareille Académie, il est facile d'apprécier combien un tel établissement offriroit d'avantages aux Lettres et à l'art typographique.

Les meilleures méthodes d'exécution appliquées à tous les ouvrages qui sortiroient de l'Imprimerie Royale, discutées et sanctionnées par le Jury des correcteurs, pourroient servir de guide et de modèles

____

(1) Voyez les *Annales de l'Imprimerie des Alde*, par M. Ant.-Aug. Renouard, t. III, pag. 53 et suiv. ; et les Statuts de l'Académie, pag. 211 et suiv. du même ouvrage.

aux jeunes imprimeurs, dont le goût est si facilement entraîné dans une mauvaise direction. Ce Jury
pourroit donner son avis sur les inventions nou-
velles si souvent onéreuses aux imprimeurs, sans
avantages pour l'art; sur la gravure des caractères,
dont les formes ont été soumises depuis quelques
années à tant de caprices et de bizarrerie. Enfin, si
cette Académie de correcteurs publioit un Journal
spécialement consacré à l'examen critique de l'art
typographique dans toutes ses parties, je ne doute
pas que l'imprimerie françoise ne recueillît bientôt
les fruits d'une telle institution.

Est-il nécessaire d'ajouter qu'il faudroit choisir
de préférence pour élèves de cette école, les sujets
dans lesquels on auroit reconnu un caractère paisible
et sédentaire, de la persévérance dans le travail;
enfin, des goûts à peu près conformes à ceux des
jeunes gens qui embrassent la carrière ecclésiastique,
d'où l'on a vu sortir autrefois tant de laborieux écrivains, qui étoient en même temps d'excellens correcteurs.

Sans contredit, une grande instruction fait le
principal mérite des correcteurs; mais une qualité
qu'ils possèdent rarement, c'est de faire usage de
leur savoir avec toute la circonspection convenable.
Un bon correcteur doit toujours être en défiance de
lui-même, et être trois fois sûr, avant de hasarder
une correction de quelque importance. Un peu de
cette philosophie pyrrhonienne qui n'admettoit pas

de certitude, lui sera donc souvent utile. C'est ce qui est exprimé à l'article *Correcteur*, dans l'Encyclopédie (1754, in-fol. tome IV, p. 271) :

« Rien n'est si rare qu'un bon correcteur; il faut
« qu'il connoisse très bien la langue, au moins, dans
« laquelle l'ouvrage est composé; ce que le bon sens
« suggère dans une matière quelle qu'elle soit ; qu'il
« sache se méfier de ses lumières. »

Si le correcteur mentionné par Henri Étienne (1) avoit un peu douté de ses forces en latin , dont il devoit posséder au moins les élémens, il n'auroit pas donné un coup de plume (*plagas infligebat*) toutes les fois qu'il rencontroit les mots *procos* (amans), qu'il changeoit en *porcos* (porcs); *exanimare* en *examinare*, et *adbibe* en *adhibe* (seconde Épître du Livre II d'Horace), parce que *adbibe* lui paroissoit une expression trop relevée. Le raisonnement de ce correcteur étoit d'ailleurs fort dangereux, car il pouvoit aisément le conduire à défigurer en mille endroits le texte de son auteur. PORCOS *enim, aiebat, scio esse animalia quædam sic vocata; at* PROCOS, *nec animalia nec aliud in latino significare puto ; interim malo vocem de quâ certus sum, pro eâ reponere.* On ne sauroit trop répéter, même aux plus habiles correcteurs, combien il faut apporter de réserve et de prudence dans les corrections. Ce mot *adbibe* changé en *adhibe* en est un exemple bien

(1) *Artis typographicæ querimonia , de illiteratis quibusdam typographis , propter quos in contemptum venit.* In-8°, 1683.

remarquable. Henri Étienne dit qu'il a vu plus de trente éditions d'Horace avec cette faute : plus de soixante ans après, on la retrouve dans une des premières éditions de l'Imprimerie Royale, en 1642, et elle reparoît encore dans des éditions postérieures que j'ai récemment consultées pour la réimpression d'un *Horace*, tant les fautes se perpétuent facilement, tant la correction est difficile à obtenir.

On rapporte que Robert Étienne exposoit des épreuves devant sa maison, voisine du Collége de Beauvais, et des Écoles de Droit, situées à cette époque rue Saint-Jean-de-Beauvais, et qu'il donnoit une récompense aux écoliers qui y découvroient des fautes. Ce moyen a pu lui sauver quelques incorrections; mais comme ce savant imprimeur lisoit et relisoit ses épreuves avant de les exposer, il est à croire qu'il n'eut jamais beaucoup d'argent à débourser ; car ce qu'il n'avoit pas corrigé ne pouvoit guère être aperçu par des écoliers.

Combien il fut glorieux pour la typographie, combien il est digne du souvenir de tous les correcteurs, ce jour où François 1er visita l'imprimerie de Robert Étienne. Le Roi l'ayant surpris pendant qu'il corrigeoit une épreuve, ne voulut pas qu'on l'interrompît avant qu'il eût achevé sa lecture.

Alde Manuce, qui ne trouvoit pas apparemment autant de respect et d'attention de la part des auteurs et du public de Venise qu'en montroit le Roi de

France pour son imprimeur, avoit fait placer cette inscription sur la porte de son cabinet :

Quisquis es, rogat te Aldus etiam atque etiam, ut, si quid est, quod a se velis, perpaucis agas, deinde actutum abeas; nisi tanquam Hercules, defesso Atlante, veneris suppositurus humeros. Semper enim erit quod et tu agas, et quotquot attulerint pedes.

« Qui que vous soyez, Alde vous prie très instam-
« ment, si vous avez quelque chose à lui demander,
« d'être bref, et de vous retirer de suite; à moins que
« vous ne vouliez partager avec lui ses rudes tra-
« vaux; car il y en aura toujours pour vous, et pour
« tous ceux qui viendront le trouver. »

Jean Oporin (1), qui se fit imprimeur à Bâle par goût pour l'étude et pour les Lettres, emprunta cette inscription d'Alde Manuce et en fit le même usage. Peut-être n'avoit-elle pas toute la brièveté que sembloit l'exiger la recommandatiou faite aux visiteurs; mais elle fait voir combien le calme et la retraite étoient chers à ces laborieux imprimeurs. Aujour-d'hui nous craignons, au contraire, de n'être pas

(1) Son nom de famille étoit *Herbst*, qui signifie automne en allemand. Cet imprimeur, qui avoit été professeur de langue grec-que, et qui donna des scholies sur Démosthènes, changea son nom en celui d'Oporin, du grec ὀπωρινος, *autumnalis*. Melanchton, qui commentoit Homère dans des leçons publiques, avoit pris aussi ce nom du grec μέλας, noire, et χθων, terre, qu'il substitua à celui de *Schwartz-Erde*, terre noire, qui étoit son nom de famille.

assez interrompus, et nous redoutons la solitude. Les manufactures réclament, il est vrai, l'activité et les visites des correspondans; mais l'imprimerie, dans ses beaux jours, s'exerçoit dans le silence.

Nous verrons dans le Chapitre suivant combien de difficultés se présentent, suivant la marche actuelle de l'imprimerie, pour obtenir une bonne correction des Livres, et comment il seroit possible, avec le concours des Éditeurs ou des Auteurs, de la rendre moins imparfaite.

AVIS.

Ce Livre se composera de Notes typographiques, critiques et
littéraires, recueillies pendant un long exercice de l'Imprimerie.
Elles seront publiées successivement par Cahiers. Des hommes
distingués dans les lettres, les sciences et les arts, ont souvent
demandé à l'auteur de ces Notes, pendant le cours de l'impression
de leurs ouvrages, des explications et des renseignemens sur les
diverses parties de l'Imprimerie; quelquefois aussi ils ont commu-
niqué à leur imprimeur des idées utiles qu'il a mises à profit.
Contribuer à maintenir les meilleures méthodes d'exécution typographique, si favorables à l'étude des sciences et des lettres; en
provoquer la discussion dans l'intérêt de l'art et de ceux qui s'en
occupent; déterminer certains usages de commerce particuliers à
l'Imprimerie, et qui, faute d'être connus des auteurs et éditeurs,
donnent souvent lieu à des discussions et à des procès entre les
imprimeurs et leurs commettans; apprécier les différens moyens
de diriger utilement un établissement d'imprimerie, à l'époque
actuelle; discuter les avantages et les inconvéniens des différens
procédés, inventions et perfectionnemens introduits dans l'Imprimerie depuis trente ans; présenter quelques vues sur la propriété
littéraire; etc., etc.; tels sont les principaux objets que l'auteur se
propose de traiter. Il recevra avec reconnaissance les observations
des Imprimeurs ses confrères, des libraires, des éditeurs, des
hommes de lettres, des bibliographes, sur les différens sujets qu'ils
jugeront devoir trouver place dans cet ouvrage.